PROMENADES

DANS LA FORÊT

DE FONTAINEBLEAU

Par C. F. DENECOURT,
AUTEUR DE DIVERS OUVRAGES SUR CETTE RÉSIDENCE ROYALE.

PRIX : 1 FRANC.

FONTAINEBLEAU
CHEZ L'AUTEUR, RUE DE BOURBON,
ET CHEZ LES LIBRAIRES.

1844

AVERTISSEMENT.

Si, pour parcourir sans difficulté la vaste forêt de Fontainebleau, il est nécessaire d'être muni d'une bonne carte, il ne l'est pas moins de posséder un livre qui non-seulement en signale les beautés pittoresques, mais qui aussi les indique par ordre de marche, par tournées, de manière à ce que le voyageur puisse se diriger avec connaissance de cause et économie de temps.

C'est donc dans cette pensée que j'ai esquissé la mince brochure que voici, et qui n'est rien moins qu'un appendice aux cartes que j'ai publiées.

Comme il est des personnes qui aiment les longues tournées, d'autres qui préfèrent les promenades ayant moins de durée, et que tous les voyageurs n'ont pas le même laps de temps à consacrer à notre belle forêt, j'en ai classé et divisé les sites par tournées dont les différentes combinaisons leur permettront de choisir, en raison du temps qu'ils auront à dépenser.

La première de ces combinaisons consiste en deux tournées d'une journée chacune, et comprenant tout ce que la forêt renferme de plus remarquable et de plus pittoresque.

Dans la seconde combinaison, je divise la forêt en quatre promenades d'environ cinq heures chacune.

La troisième combinaison comprend trois promenades choisies d'environ trois heures.

Et, enfin, je termine cet itinéraire par la promenade la plus pittoresque et la plus intéressante de la forêt, et dont le parcours en voiture est d'environ cinq heures, y compris les temps d'arrêt.

TABLE.

La Forêt, visitée en deux promenades d'une journée. 7
La Forêt en quatre promenades d'environ cinq heures . . . 33
Trois promenades choisies d'environ trois heures 38
Promenade la plus intéressante et la plus pittoresque, d'environ cinq heures. 40
Nomenclature alphabétique de tout ce que la Forêt de Fontainebleau comprend de plus remarquable et de plus pittoresque. . 42

LA FORÊT

VISITÉE EN DEUX JOURNÉES.

Première Journée.

En septembre dernier, par une de ces matinées au ciel azuré et décoré çà et là de nuages argentés, dont l'effet ajoutait à l'aspect déjà si pittoresque de nos bois et de nos rochers, en septembre dernier, dis-je, par une véritable journée d'artiste, le char-à-banc sur lequel nous étions montés prit son essor du centre de la ville et nous emporta tout d'abord par la rue de France, la rue Saint-Merri et la rue des Bois, d'où nous pénétrâmes immédiatement sous les ombrages de la forêt.

Quelques instans étaient à peine écoulés depuis notre départ de la place au Charbon, que déjà nous traversions la Vallée des Tombeaux, lieu ainsi nommé parce que jadis c'était là le champ de repos des bons habitans de Fontainebleau.

Aujourd'hui, c'est une très jolie plantation de pins dont le feuillé toujours vert cache et protége quelques restes de mausolée, quelques pierres tumulaires, et même de vieux et sombres cyprès.

Ayant foulé cet ancien asile des morts, nous continuâmes directement notre route jusqu'au pied du rocher Mont-Ussy. Ce rocher, d'environ une demi-lieue de longueur, et dont les crêtes offrent de charmans points de vue sur la ville et les environs de Fontainebleau, comprend une infinité de gorges et de petites collines qui sont vraiment délicieuses à parcourir. Nous prîmes à gauche, par la route de calèche qui longe le rocher. D'un côté les épais feuillages d'une demi-futaie nous protégeaient contre l'ardeur du soleil, et de l'autre nous avions en vue la chaîne des rochers qui se développait et fuyait gracieusement au fur et à mesure que notre modeste équipage nous emportait.

Arrivés à l'extrémité du Mont-Ussy, nous tournâmes à droite et bientôt nous débouchâmes dans la vallée du Chêne-des-Fées. Cette vallée est l'un des sites les plus pittoresques et les plus curieux de la forêt de Fontainebleau. Les masses de grès, tapissées de mousses et de lichens, y sont admirablement bien groupées. Mais ce qui semble tenir du prodige, ce sont les arbres séculaires qui couronnent et ombragent les rochers, surtout le Chêne-des-Fées, dont la pose et son adhérence avec les grès offre quelque chose d'étonnant et qui tient du phénomène (1). A quelques pas de cet arbre, vers le haut de la colline, apparaît le François Ier, chêne très-vieux, très caduc, et dont le tronc entr'ouvert présente une cavité assez spacieuse.

Ayant, autant que nos loisirs nous le permettaient, admiré et contemplé cette intéressante et curieuse vallée du Chêne-des-Fées, nous retournâmes quelques instans sur nos pas pour aller gagner le Nid-de-l'Aigle,

(1) Le chêne des fées a été lithographié sous ce nom, et également sous celui de *chêne-roche*.

autre vallée non moins pittoresque, mais d'un aspect tout différent. Ici, on n'a à admirer que des arbres, mais des arbres magnifiques et dignes du pinceau de nos meilleurs artistes. Les chênes y forment des gerbes, des bouquets où l'on compte jusqu'à douze tiges sur la même souche, toutes très grosses et majestueusement élancées. Les hêtres y sont aussi plus beaux que partout ailleurs. Quant aux rochers de cette vallée, le fer des carriers les a dès longtemps mutilés et bouleversés. Ce ne sont plus que des monceaux de décombres assez monotones à voir. Malheureusement cette destruction de nos sites s'étend chaque année davantage !

Contigüe à la vallée du Nid-de-l'Aigle est la gorge de Zacharie, où nous allâmes saluer le très-vénérable Charlemagne, chêne le plus considérable et le plus ancien de la forêt. Cinq personnes suffisent à peine pour embrasser la circonférence de son tronc... En quittant ce doyen de nos vieux chênes, nous redescendîmes au Nid-de-l'Aigle, afin d'aller prendre la route à Marie pour gagner les hauteurs de la Solle. Qu'elle est pittoresque, qu'elle est délicieuse cette route à Marie ! Sinueuse et encaissée dans les rocailles, puis ombragée par une suite d'arbres séculaires, elle prête on ne peut mieux à ce sentiment que le poète et l'artiste éprouvent si bien....

C'est sur ce chemin que se trouve l'Arbre-à-Cheval, hêtre assez beau et parfaitement enchevêtré sur une roche. C'est également sur le même chemin, et près d'arriver au sommet de la colline, que nous vîmes une roche assez petite, assez modeste de forme, mais dont la cavité reçut plus d'une fois les larmes et les soupirs d'une jeune et belle Castillane, victime de l'amour, et qui, pour se soustraire à un mariage forcé, était venue avec l'amant de son choix chercher un refuge assuré dans nos charmans déserts de Fontainebleau. Cette jeune Castillanne, fille d'un capitaine-général d'Espagne, se nommait dona Maria. Ce fut sous le règne de Louis XIV qu'elle vint éterniser la petite roche dont il est ici question. Un jour je tracerai plus longuement la pathétique histoire de cette infortunée.

De la Grotte-à-Marie nous nous dirigeâmes vers les Gorges-d'Apremont, en laissant sur notre droite le rocher des Deux-Sœurs, site aussi intéressant, aussi pittoresque que son nom est romantique et doux à prononcer.

Les Gorges-d'Apremont sont la contrée la plus agreste, la plus rocailleuse, la plus sauvage et la plus imposante de la forêt de Fontainebleau. Elles se divisent en deux parties à peu près égales en superficie, mais très distinctes quant à leur aspect. L'une de ces parties est appelée *le Désert,* et l'autre *le Vallon. Le Désert* était, naguère encore, totalement dépourvu de végétation ; aujourd'hui, il est en grande partie couvert par les pins qu'on y a semés et plantés à profusion. *Le Vallon* renferme des chênes et des hêtres de toute beauté, ainsi que des bouleaux, des génevriers et une délicieuse pelouse. Aussi le Vallon est-il le principal rendez-vous des artistes. Les monts et les rochers qui forment les Gorges-d'Apremont n'ont rien moins que mille arpens de superficie et trois lieues de circuit dans leur ensemble. Outre les deux grands bassins de ces Gorges, elles comprennent une infinité de collines ou détroits, mais partout des accidens de terrain, partout une nature bouleversée et déchirée, partout des blocs de grès, dont les masses, informes et arides, sont tantôt éparses, tantôt bizarrement amoncelées ou suspendues sur le flanc des sommets, partout enfin les traces d'un déluge et l'image d'un admirable désordre.....

Nous pénétrâmes aux Gorges-d'Apremont par la route de calèche qui descend au Désert, route profondément encaissée et bordée de rochers. Après avoir traversé les bas-fonds du Désert, nous gravîmes à pied la chaîne de rochers qui sépare les deux grandes Gorges, et du sommet de laquelle nous eûmes à contempler le double et magnifique point de vue qui s'étend d'un côté sur le Désert, et de l'autre sur le Vallon, ainsi que sur les vastes plaines qui se trouvent par-delà. De ce délicieux sommet nous descendîmes au Vallon pour aller gagner le sentier qui conduit à la Caverne des Voleurs, caverne qui est pratiquée tout à fait dans le haut du rocher, et qui, sous le règne de Louis XV, a servi de repaire à une bande d'assassins, dont le chef était un nommé Thissier. Après avoir descendu dans ce repaire et en avoir sondé les obscurs détours, nous nous empressâmes d'en sortir, mais par une issue opposée à celle par laquelle nous étions entrés, et dont l'étranglement nous permit à peine d'en parcourir un à un la longueur. Bientôt nous nous retrouvâmes sur la crête des rochers, où nos yeux savourèrent de nouveaux points de vue. Quelles sensations, quelle expansivité d'ame nous éprouvions en promenant nos regards charmés sur l'immense et pittoresque panorama qui se déroulait autour de nous!..... D'un côté et d'un autre, c'étaient d'imposans pêle-mêle d'arbres et de rochers, des monts et des vallées, des plaines, des campagnes, des hameaux et surtout de gigantesques futaies, parmi lesquelles se trouvent les chênes de Sully, de Henri-Quatre et celui de la Reine-Blanche, tous arbres très remarquables, et dont la cîme pelée et noircie par les élémens semble encore défier le tonnerre!.....

Après avoir joui pendant quelques instants de ces délicieux points de vue, nous quittâmes le haut des rochers pour regagner le vallon. Nous descendîmes par un sentier plus tourmenté encore et plus profondément encaissé que celui qui nous avait conduit à la caverne. Les énormes, les monstrueuses masses de grès qui bordent à chaque instant les sinueux contours de ce chemin, lui donnent un aspect des plus singuliers et des plus frappans. En le parcourant, nous semblions être perdus, ensevelis au milieu d'immenses ruines..... Quel contraste avec la position aérienne que nous venions de quitter! et quelle différence aussi avec la fraîche et verte pelouse sur laquelle nous allions arriver en sortant de cet abrupt sentier!

Cette pelouse, émaillée de fleurs sauvages et embaumée par le serpolet, puis ombragée par de vieux chênes, était le dormoir de Lantara, de ce pâtre que la nature avait fait artiste, et qui pourtant est mort à l'hôpital. Oui, ce fut là, sur cette pelouse entourée d'arbres séculaires et de rochers aussi vieux que le monde, où l'humble vacher de Chailly fut inspiré et devint un peintre distingué. Pendant que ses vaches paissaient ou reposaient sous la feuillée, lui, Lantara, rêvait et copiait les agrestes beautés que le hasard avait placées sous ses yeux.

Aussi, en commémoration de cet homme, ou plutôt pour rendre hommage à sa palette, à ses sentimens pour la belle et merveilleuse nature, d'autres artistes, à qui ses précieuses ébauches avaient fait connaître le pittoresque atelier, le charmant site où il avait si bien choisi et reproduit ses modèles, ne manquèrent pas d'inscrire son nom sur un roc que l'on voit encore dans ce très joli coin des gorges d'Apremont. Le dormoir de Lantara comprend le milieu du vallon, précisément entre les rochers de la Caverne et les Monts Girard. Non loin de là, en suivant le chemin de la Gorge aux Néfliers, on trouve le Henri IV et le Sully, arbres des plus vieux et des plus remarquables de la forêt de Fontainebleau.

Ces arbres sont ainsi nommés parce que le bon roi et son fidèle Sully vinrent s'y mettre à l'abri d'un orage qui les avait surpris dans une partie de chasse.

Après avoir salué ces vieux et rustiques hôtes des Gorges d'Apremont, nous vînmes, à quelques pas sur la droite, prendre position sur la pente nord des Monts Girard, où un tapis de mousse et de fougère, délicieusement ombragé par des hêtres et des charmilles, nous attendait, et sur lequel nous fîmes honneur assez joyeusement au déjeûner dont nous nous étions muni en partant de Fontainebleau. Oh! rien n'est bon, rien n'est gai comme un déjeûner sous la feuillée, au milieu des rochers, et surtout avec d'aimables et charmantes convives !

Il était trois heures lorsque nous remontâmes en voiture pour continuer notre pittoresque promenade. En quittant les Gorges d'Apremont, nous nous dirigeâmes vers Franchard, en passant par le plateau des Monts Girard et la Gorge aux Néfliers. Franchard est à peu près le point central de la vaste forêt de Fontainebleau; mais le plus renommé et le plus fréquenté à cause de son ancien monastère et de ces belles roches.

Le monastère de Franchard, fondé l'an 1197, sous le règne de Philippe-Auguste, fut bien moins une retraite de religieux qu'un repaire de brigands, qui volaient et assassinaient les voyageurs qui avaient le malheur de tomber dans leurs embuscades. Aussi, est-ce à cause de ces brigandages que Louis XIV ordonna la destruction de ce monastère, dont il ne reste plus que quelques pans de mur, sur lesquels on a enté l'habitation d'un garde. C'est là le seul endroit de la forêt où l'on trouve des rafraîchissemens. Tandis que nos chevaux se reposaient et mangeaient l'avoine, nous allâmes explorer les gorges qui avoisinent Franchard, et dont l'aspect singulièrement abrupt et sauvage nous dédommagea du peu d'intérêt qu'offrent les ruines du monastère.

Après avoir visité la Roche-qui-Pleure, la Grotte des Ermites et l'Antre des Druides, nous vînmes sur les hautes plaines, où notre équipage nous rejoignit, pour de là nous diriger vers le Belvéder de la gorge aux Mérisiers. C'est un des très jolis points de vue de la Forêt, sur lequel on arrive après avoir franchi les hautes plaines et traversé le carrefour Dieudonné, carrefour étoilé par de belles routes bien ombragées et bien verdoyantes. Du milieu de ce séduisant carrefour s'élève un cèdre déjà magnifique; il fut planté là en commémoration de la naissance du duc de Bordeaux.

Ayant pourtourné le Belvéder de la gorge aux Mérisiers, et promené nos regards tantôt sur les profondeurs de la plaine du Cormier, tantôt sur les chaînes de rochers qui limitent et encaissent cette plaine, nous rentrâmes dans la route ronde, pour nous diriger ensuite vers la Gorge-aux-Loups, mais en déviant sur notre gauche afin d'aller visiter le Rocher des Demoiselles. Pour y parvenir, nous descendîmes la vallée du chemin d'Achères, en longeant le versant méridonal du Rocher de la Salamandre, rocher singulièrement ondulé, dont la longueur est d'environ deux kilomètres, et où François Ier, qui s'était égaré en chassant, passa une nuit tout grelottant de froid. Cet auguste chasseur, en retrouvant les gens de sa suite, qui l'avaient appelé et cherché pendant toute la nuit, leur dit:

« *J'étais moins bien ici qu'une salamandre dans un brasier.* »

C'est cette répartie, dit-on, qui a valu à ce rocher le nom qu'il porte aujourd'hui.

Après avoir filé le rocher de la Salamandre jusque vers le Champ de Manœuvre, et côtoyé le bas des rochers du Mauvais-Passage, nous arrivâmes au pied du Rocher des Demoiselles. L'ensemble de ce rocher, dont les masses énormes sont amoncelées et superposées de la manière la plus bizarre et la plus désordonnée, forme un entonnoir immense et très irrégulier. Les crêtes arides qui couronnent le pourtour de son sommet offrent plusieurs beaux points de vue. Ses flancs, hérissés de grès informes et calcinés, renferment une infinité d'antres et de cavernes, où se trouve assez communément la dangereuse vipère. Nous fîmes l'ascension du Rocher des Demoiselles par un sentier raide et très sinueux, mais délicieux par la variété des accidens qui le bordent et en changent l'aspect à chaque pas. Ce sentier nous conduisit précisément sous les ailes gigantesques de la Roche-Volante, roche des plus volumineuses et l'une des principales crêtes du rocher. Sa forme représente l'image d'un oiseau monstre qui semble planer dans les airs.

Après avoir contemplé cette curieuse masse de grès et projeté nos regards sur les points de vue qui nous entouraient, nous redescendîmes le rocher par un autre sentier dont la très sinueuse courbure se termine et débouche sur la verdoyante pelouse d'un vaste carrefour situé entre le rocher du Mauvais-Passage et la gorge des Grand-Genièvres, lieu où nous rejoignîmes notre char-à-bancs.

C'est lorsque l'on a exploré un site ou gravi quelques rochers, qu'il fait bon se retrouver en voiture : c'est tantôt à pied, tantôt en équipage qu'il faut parcourir la Forêt pour la bien voir, la bien connaître et en goûter avec délices tout le charme!.....

Du carrefour du Mauvais-Passage, nous nous dirigeâmes par la gorge des Grand-Genièvres, gorge étroite et sans rochers, mais délicieusement boisée et croisée dans tous les sens par de jolies routes, bien percées et bien ombragées. Arrivés à l'extrémité de cette gorge, nous coupâmes le chemin de Reclose pour aller passer sous les feuillages sévères de la gigantesque futaie du Déluge et des Erables ou se trouve la maisonnette de Saint-Hérem, rendez-vous des gardes de la forêt.

Du Déluge nous courûmes vers la Redoute de Bourron, en traversant le plateau de la Cave-aux-Brigands et le quinconce des Mélèzes. Quelle jolie route encore! quel délicieux trajet! Oh! non, rien n'est doux, rien n'est suave à la vue, dans toute la Forêt, comme sa partie sud, comme tout ce qui environne la Gorge-aux-Loups, car nous en approchions.

La Redoute de Bourron, située aux limites de la Forêt, a été pratiquée en 1814, lors de la première invasion; elle était armée de douze pièces d'artillerie, destinées à battre sur la route de Nemours. Aussi, l'ennemi ne s'est-il pas présenté de ce côté.

Après avoir admiré le charmant point de vue dont on jouit de cette Redoute, nous continuâmes notre tournée en coupant le pavé de Bourron et en pénétrant de nouveau sous des berceaux de feuillages, qui nous conduisirent jusque sur le plateau des Forts de Marlotte, plateau où se trouve la Marre-aux-Fées, puis des bois et des bocages plantés en quinconces, et, mieux encore, des houx, des genévriers et de vieux chênes, dont l'aspect agreste et sauvage parle si bien à l'âme.

C'est parmi les arbres séculaires qui couronnent ce pittoresque plateau, que l'on voit ou plutôt que l'on admire le Chêne de Molière et le Charme de Marie-Antoinette, arbres très beaux, très remarquables, qui ont, dit-on, abrité les personnages illustres dont ils portent le nom. Mais ce qui complète les délices et le charme que l'on éprouve en parcourant le plateau des Forts-Marlotte, c'est la variété des points de vue qui en couronnent les bords du côté du levant et du midi; c'est cette diversité de sites et d'aspects, c'est, en un mot, cette nature toujours belle, toujours capricieuse et que l'on ne retrouve qu'à Fontainebleau.....

J'allais oublier, ingrat que je suis, le Chêne des Quatre-Amis, chêne profondément sillonné par la foudre et situé au bord du plateau vers le levant, chêne à l'ombre duquel nous savourâmes à la fois et un joyeux repas, et les admirables points de vue qui s'offraient complaisamment à nos yeux. En quittant cet arbre, qui fut témoin de nos joies, de nos plaisirs, bien innocens, sans doute, nous fûmes visiter la Gorge-aux-Loups, site contigu à celui que nous quittions, et non moins intéressant, non moins pittoresque. Nous y pénétrâmes par le Rocher des deux Aspasie, rocher d'un aspect vraiment romantique, et dont le nom se rattache à une singulière et tragique histoire, histoire qui ne sera non plus oubliée dans la prochaine édition de mon livre sur la Forêt.

A l'entrée du rocher des Deux-Aspasie, à droite, et touchant le chemin par lequel on descend, s'élève majestueusement, sur un roc qui lui sert de piédestal et qu'il étreint de ses longues et fortes racines, le chêne d'Augusta, chêne qui doit son nom à une bien bonne et bien aimable artiste, sœur de Duprez, artiste distingué, et dont la mort fut une perte réelle pour les arts et les sciences.

Après avoir bien vu, bien goûté cette délicieuse entrée de la Gorge-aux-Loups, nous continuâmes le chemin qui descend et conduit dans les silencieuses profondeurs de cette gorge, mais toujours en marchant sous d'attrayans ombrages et parmi de nouveaux rochers, mais des rochers admirablement bien groupés et dont les masses, tantôt arides ou couvertes de mousses, tantôt d'une forme angulaire ou romboïde, offrent l'aspect le plus capricieux et en même temps le plus pittoresque, surtout le rocher aux Fées, avec ses antres et ses mystérieuses cavités, d'où l'on voit s'échapper des hêtres et des chênes magnifiques, dont les cîmes s'élancent vers les cieux comme pour y respirer l'air et la lumière.

Enfin, après avoir parcouru et exploré la Gorge-aux-Loups dans tout ce qu'elle renferme de beau et de très curieux, nous en sortîmes par la délicieuse route du rocher aux Fées, route que la merveilleuse nature à grâcieusement dessinée et encaissée dans les grès qui la bordent et la décorent si bien. C'est au bord de cette route que l'on voit la roche Bébée, dont l'inscription, en partie dérobée par la mousse, se laisse à peu près deviner. Cette roche doit son nom à une aventure assez piquante, et dont je parlerai également dans mon nouveau livre sur la Forêt.

Parvenus sous la vieille et majestueuse futaie qui couronne les hauteurs de la Gorge-aux-Loups, nous remontâmes dans notre char pour continuer notre tournée vers le Haut-Mont. Mais la Gorge-aux-Loups et ses abords avaient pour nous tant d'attraits, tant de charmes, que nous ne pûmes nous éloigner sans voir toutes les belles choses qui se rattachent à ce délicieux coin de la forêt de Fontainebleau. A cet effet, nous suivîmes la très jolie route qui contourne les hauts bords de la gorge, et qui est constamment ombragée par les arbres géants de la futaie, sous laquelle nous venions d'aborder. En sortant de cette futaie, nous débouchâmes tout à coup sur l'une des pointes les plus saillantes du plateau, sorte de promontoire disposé en plate-forme, sur laquelle dominent quelques vieux chênes, et d'où l'on a une vue très étendue. Cet endroit se nomme le Belvéder de la Gorge-aux-Loups.

De ce point, l'œil plane sur une très grande partie de la forêt, dont les feuillages offrent l'image d'un immense lac. La longue chaîne de rochers que l'on voit sur la droite, en représente les dunes, les falaises. Ayant contemplé cet imposant point de vue, et porté un dernier regard sur les profondeurs de la Gorge-aux-Loups, nous nous sommes dirigés vers le Haut-Mont, où nous arrivâmes après un trajet d'une demi-heure et en parcourant des chemins toujours charmans, toujours délicieux. Le Haut-Mont est situé à cinq kilomètres de Fontainebleau, entre la Malmontagne et le Long-Rocher. Son sommet, couvert d'arbres résineux, est un plateau dont le contour, d'environ trois kilomètres, offre une suite continue de points de vue. Mais le plus étendu et le plus intéressant est celui de l'Esplanade. L'Esplanade est la plate-forme qui termine l'extrémité du Haut-Mont, vers l'est, et d'où la vue s'étend bien au-delà des limites de la forêt.

Mais la chose éminemment remarquable du Haut-Mont, c'est la roche cristallisée. Elle est située vers le milieu du versant nord de cette montagne. Son volume est énorme, et sa forme assez bizarre. Sa base est accidentée par des parties saillantes semblables à des têtes d'animaux fantastiques et par des cavités plus ou moins profondes, et formant de petites grottes, dont les cloisons sont de véritables stalactites. Le sommet de cette curieuse roche n'est pas moins remarquable que sa base. Il présente une surface toute criblée d'excavations très irrégulières, très accidentées, et semblables à de petits réservoirs.

Cette roche extraordinaire a environ cinq mètres de hauteur sur vingt-cinq de circonférence. On peut aisément arriver à son sommet, même les dames, qui toutefois n'en descendent pas toujours sans montrer.... leurs jarretières. Mais ce léger inconvénient ne peut qu'ajouter au charme de la promenade.

Lorsque nous eûmes parcouru les divers points de vue du Haut-Mont, et fait une ample visite à la Roche Cristallisée, nous songeâmes à regagner Fontainebleau, où nous parvînmes au coucher du soleil, mais après avoir parcouru de nouveaux bois, de nouveaux rochers et des routes toujours belles, toujours délicieuses. Ce fut d'abord, en partant du Haut-Mont, la Malmontagne, puis la fontaine d'Episy, le rocher d'Avon, et enfin la superbe avenue de Maintenon, avenue qui réunit si bien le parterre au mail de Henri IV, et qui est le Prado, le rendez-vous de nos modestes et tranquilles citadins.

La promenade que nous venons d'esquisser, et dont le trajet est d'environ cinquante kilomètres, comprend exactement tout ce que la partie sud de la forêt renferme de plus pittoresque et de plus curieux. Pour la parcourir, comme nous l'avons fait, en une journée, il est indispensable d'avoir non-seulement de bons chevaux, mais une voiture très légère, et aussi un guide sûr, ou une bonne carte de la forêt.

Deuxième Journée.

Si dans notre première et très grande tournée, nous avons eu un temps d'artiste et goûté avec délice les beautés qu'à chaque pas le sol offrait à nos yeux, nous n'avons, certes, pas été moins favorisés, ni moins heureux dans celle-ci, qui eut lieu huit jours après.

Il était dix heures lorsque nous montâmes en voiture. Cette fois, comme la première, nos chevaux étaient bons et les coffres de notre char-à-bancs bien garnis. Cette fois aussi, comme la première, la place au Charbon fut notre point de départ. O vous! qui venez à Fontainebleau, n'oubliez pas de vous rendre sur la place au Charbon, non pas, voyez-vous, pour admirer ce grand et vilain rideau en pierre qui dérobe à vos regards notre magnifique palais, mais bien plutôt pour voir, et même, si bon vous semble, pour acheter les très jolies vues de ce palais, vues exécutées par les meilleures artistes, et dont l'élégant étalage frappera vos yeux. Oui, c'est là, sur cette place, chez madame Cudot, libraire, que vous trouverez un choix de très jolis, de très beaux et très intéressans souvenirs de Fontainebleau. Mais revenons à notre deuxième promenade.

Nous sortîmes de la ville par la rue de France et la barrière de la Fourche, pour aller gagner le Bouquet-du-Roi. Deux chemins également délicieux y conduisent: l'un par la Tête-à-l'Ane et l'autre par la Fosse-au-Rateau. Nous préférâmes celui-ci, vu qu'il est moins pénible pour les chevaux.

Nous eûmes doublement à nous féliciter de cette préférence, car arrivés à l'endroit le mieux ombragé et le plus solitaire de la Fosse-au-Rateau, nous vîmes un cerf magnifique, accompagné de deux biches non moins intéressantes, et qui, en nous observant avec un certain air de douceur et de curiosité, semblaient vouloir nous attendre. Ils s'éloignèrent à peine lorsque notre équipage passa près d'eux. C'était vraiment très agréable de voir ces superbes animaux, fuyant un instant sous la futaie, puis tout à coup s'arrêtant et se retournant pour nous observer de nouveau.

Des bocages de la Fosse-au-Rateau, nous pénétrâmes sous un ciel de feuillages et plus sévères et plus élevés. C'était la Tillaie, canton de vieilles futaies des plus remarquables de la forêt de Fontainebleau, et où l'on admire çà et là des arbres dont l'âge se perd dans la nuit des temps. Celui de ces arbres séculaires qui, lorsque nous abordâmes la futaie, frappa tout d'abord nos regards, fut le Goliath, chêne très haut, qui se trouve là, isolé, sur la gauche du chemin, et comme posée en sentinelle avancée.

Parvenus au pied du Bouquet-du-Roi, chêne le plus haut et le plus droit de la forêt, nous prîmes à droite le chemin qui passe près le tronc déchiré du Bouquet-de-la-Reine, hêtre qui naguère était magnifique et le plus grâcieux de tous, et qui tout récemment vient d'être fracassé par une affreuse tempête. Un peu plus loin, nous passâmes entre les Deux-Frères, non loin desquels se montre d'une manière abrupte et imposante, le Pharamond, chêne aux racines saillantes, et dont le tronc a sept mètres de circonférence.

Un quart-d'heure après avoir quitté le Bouquet-du-Roi, nous nous trouvâmes hors de la futaie, précisément sur la route de Paris, que nous suivîmes jusqu'au carrefour du Grand-Veneur. Là, nous nous dirigeâmes à droite par une petite route qui traverse un bois taillis, et va aboutir sur les Monts-Saint-Pères, suite de côteaux ombragés par une végétation jeune encore, mais dont l'aspect varié est d'un effet délicieux. Arrivés sur la route qui pourtourne les hauts bords de ces attrayans côteaux, nous eûmes à contempler un charmant point de vue, surtout lorsque nous fûmes sur la plate-forme. C'était d'abord à nos pieds une profonde vallée encaissée par la chaîne du rocher Cuvier, et par les monts boisés que nous venions de parcourir. Puis, à l'extrémité de cette vallée, c'était la gigantesque futaie du Bas-Bréau, au-delà de laquelle nos regards se perdaient dans un vaste horizon.

Des Monts-Saints-Pères, nous passâmes sur le plateau rocailleux de Belle-Croix, où nous vîmes plusieurs arbres très beaux et très remarquables, entre autre le caduc chêne de Clovis, qui est planté là sur les roches, au bord d'une petite mare, et tout près de la route ronde.

C'est à environ deux cents mètres au-delà de ce vénérable chêne, et à vingt-cinq pas sur la droite de la route, que se trouve la Roche aux Cristaux. Cette roche, qui dépend du rocher Saint-Germain, n'est rien moins qu'une ancienne carrière abandonnée, où l'on voit des bancs de grès très remarquables par leur cristallisation, cristallisation qui offre un très beau brillant et des ciselures à angles multiples qu'on dirait faites par d'habiles sculpteurs.

Ayant visité la carrière aux Cristaux, nous sommes rentrés sur la route du chêne de Clovis, que nous traversâmes pour nous rendre vers la Marre-à-Piat ou marre du rocher Cuvier, et de là au chêne de Napoléon, qui est un peu plus loin sur la gauche du chemin. Ce chêne est ainsi nommé parcequ'en 1809, le 18 octobre, l'empereur étant à chasser le sanglier, tira un de ces animaux précisément au pied de son tronc, et qu'il s'y arrêta quelques instans pour dicter un ordre qu'il fit partir immédiatement pour Paris.

Après avoir salué cet arbre qui est d'une belle force, et dont la charpente, largement distribuée, offre un modèle d'étude au paysagiste, nous passâmes du rocher Cuvier sur le plateau des Monts-de-Fays, que nous traversâmes par une route bien gazonnée, bien douce, qui nous conduisit à l'entrée des vieilles et très-belles futaies qui couronnent la partie nord du plateau.

Nous pénétrâmes avec bonheur sous la délicieuse voûte de ces hautes futaies qui, pendant l'espace de trois kilomètres, nous déroba à l'ardeur du soleil. En quittant les frais ombrages de ces bois séculaires, nous nous retrouvâmes sur un sol découvert, mais ce fut pour y savourer de très beaux points de vue, notamment celui connu sous le nom de Belvéder des Monts-de-Fays, lequel, aujourd'hui, est appelé point de vue du Camp, à cause du camp qui, en 1840, fut établi dans la plaine que l'on voit la plus rapprochée de la forêt.

Ce belvéder, situé sur l'un des promontoires les plus saillans et les plus élevés du plateau, est une plateforme qui a pour base un amas de rochers, dont les masses volumineuses et capricieusement superposées, offrent dans leurs détails, comme dans leur ensemble, quelque chose de curieux et de très pittoresque. Contigu aux flancs escarpés et hérissés de cette montagne, se montrait à nos yeux, et à deux cents pieds au-dessous de nous, une surface unie et verdâtre. C'était les feuillages épais de la très vieille futaie du Bas-Bréau. Sur la gauche des bois, c'était la longue chaîne mamelonnée et déchirée, formée par les arides rochers qui enferment les gorges d'Apremont et dont la queue s'étend jusque vers Macherin et Barbison. Plus loin, vers le couchant, et en même temps vers le nord, se déroulait un immense horizon, où se montraient à nos regards déjà émerveillés; Chailly, Arbonne, Perthes, Melun, la forêt de Sénart, Corbeil, Juvisy, Monthléry, et qui avait pour limite les côteaux qui avoisinent la capitale.

Tout près du point de vue du Camp, et au bord de la route qui descend du plateau, se trouve la Grotte à Pierrette. C'est une profonde excavation qui jadis a servi de repaire à une bande de voleurs.

En sortant de cette caverne, nous remontâmes en voiture pour nous rendre vers la Marre aux Évées; le trajet qui nous en séparait n'était rien moins que délicieux. D'abord nous côtoyâmes, pendant trois kilomètres, les hauts bords des Monts-Fays, dont le pourtour nous offrit alternativement de nouveaux points de vue et de charmans ombrages. De ces points de vue, il en est un surtout qui mérite d'être nommé; c'est celui appelé le Carrefour de Bellevue, d'où l'œil plane à la fois sur la Forêt, sur la campagne, puis sur les villes de Melun et de Corbeil.

Du Carrefour de Bellevue nous revînmes quelques instans sur nos pas, pour prendre une très jolie route qui descend sous bois vers le Rocher Canon, que nous traversâmes pour pénétrer bientôt sous les voûtes silencieuses des hautes futaies de la Marre aux Évées. Nous arrivâmes au grand bassin de cette marre, en passant par le très beau et très vaste Carrefour de l'Épine-Foreuse.

La Marre aux Évées consiste en un vaste bassin de forme circulaire, entouré d'une large digue sur laquelle aboutissent sept autres digues ou chaussées, plantées d'arbres de diverses espèces. Les intervalles de ces chaussées comprennent une infinité de petits bassins de forme longitudinale, destinés à recevoir la surabondance des eaux.

Les divers bassins de cette marre, avec les digues et chaussées qui la dessinent et la partagent, occupent une superficie d'à peu près vingt hectares; mais ce qui ajoute encore à l'aspect qu'offre cet aquatique canton, c'est la vieille et gigantesque futaie au milieu de laquelle il est enfermé.

La Marre aux Évées étant le point le plus éloigné de cette deuxième promenade, nous prîmes, pour nous rapprocher de Fontainebleau, la très jolie route qui conduit vers la partie est du Rocher-Canon. Qu'il est beau, qu'il est pittoresque en cet endroit, le Rocher-Canon! Les bouleaux, les genévriers, les néfliers, les hêtres, les charmilles, les mousses vertes et soyeuses qui tapissent et décorent les grès, tout en un mot s'y harmonise de la manière la plus gracieuse.

Du Rocher-Canon nous allâmes aborder de nouveau le grand plateau des Monts de Fays, pour continuer d'en parcourir les délicieux bords jusqu'au Mont Saint-Germain, en passant par la Table du Grand-Maître. Rien n'est ombragé, rien n'est charmant comme la route qui continue cette partie des Monts de Faïs. C'est une suite de berceau, dont les gracieux feuillages offrent çà et là de ravissantes échappées de vue.

La Table du Grand-Maître, située sur la route ronde et devant laquelle nous passâmes, est un grès de sept pied sur cinq, taillé et posé en forme de table sur des pilastres, également en grès et entouré de bancs de même nature. Sa date porte 1723.

Quelques instants après avoir quitté la Table du Grand-

Maître et avoir achevé le contour du plateau, nous traversâmes une petite route pavée, au-delà de laquelle nous pénétrâmes de nouveau sous des bois charmans et des allées qui nous conduisirent sur les hauteurs du Rocher Saint-Germain, où nous mîmes pied à terre pour en visiter les gorges. Ici, nous retrouvons un sol abrupt et déchiré par la puissance de quelque déluge. Ce sont des roches de toute grosseur, de toute forme et capricieusement groupées ou éparses, et parmi lesquelles se montre une végétation non moins variée, non moins capricieuse; ce sont des antres, des collines et de profondes ravines; puis, au milieu de tout cela, des sentiers tortueux et souvent encaissés dans les grès.

En sortant des gorges du Rocher Saint-Germain, nous nous trouvâmes dans la Vallée de la Solle, où notre char-à-bancs, qui avait suivi la route de calèches, nous rejoignit. Remontés en voiture, nous traversâmes la vallée pour aller prendre la délicieuse route qui longe et côtoie le bas du Mont-Chauvet, le Rocher des Deux-Sœurs. Cette partie de la Vallée de la Solle, plus pittoresque et plus intéressante encore que le Rocher Saint-Germain, est le rendez-vous champêtre le plus fréquenté des habitans de Fontainebleau. Les rochers, les arbres, les points de vue et les sentiers, tout y est charmant et plein d'animation.

Après avoir parcouru la route exquise sur laquelle nous étions, et admiré tous les sites et les roches qui la bordent jusqu'au Carrefour des Ventes-aux-Postes, nous prîmes, à gauche, la route qui côtoie les hauteurs de la Vallée. Cette route, qui vient d'être ordonnée par le roi lui-même, et exécutée comme par enchantement, complète de la manière la plus parfaite la promenade du Mont-Ussy et du Fort des Moulins, promenade qui, sans contredit, est le *nec plus ultrà* des délices de notre pittoresque Forêt. Du Carrefour des Ventes-aux-Postes jusqu'à la grande route de Melun, nous eûmes à parcourir une suite non interrompue de très beaux points de vue et de bosquets non moins attrayans, où l'on admire des chênes et des hêtres dignes de fixer l'attention des paysagistes.

Dans l'intervalle de ce trajet, se trouve le romantique Rocher des Deux-Sœurs, si pittoresquement situé et si fréquemment visité, puis la bien modeste Fontaine du Mont-Chauvet, espèce de citerne située dans le roc au pied d'un vieux chêne, à l'ombre duquel nous savourâmes, avec un appétit à envier, le déjeûner qui nous avait suivi.

Du pavé de Melun, notre promenade fut continuée sous les bois taillis du plateau de la Béhourdière, et ensuite vers la Butte-à-Gai, promontoire dont le pourtour nous offrit de nouveaux et délicieux points de vue.

Après la Butte-à-Gai, nous passâmes sur la plate-forme horriblement sablonneuse de la Fontaine-Désirée, plate-forme d'où l'on découvre une vue très belle et très étendue. Mais le site, le point de vue le plus pittoresque et le plus ravissant de notre promenade n'avait pas encore passé sous nos yeux; c'était le Rocher du Fort des Moulins, c'était la superbe route de la Reine Amélie, route que M. de Boisdhyver, Conservateur de la Forêt, a fait établir sur la crête de ce Rocher (1).

On arrive sur le Rocher du Fort des Moulins quelques instans après avoir quitté la Fontaine-Désirée, et en laissant à droite l'avenue du Calvaire. Aussitôt que l'on a

---

(1) Disons-le, c'est au bon goût de M. Marryer de Boisdhyver à qui nous sommes redevables d'une quantité de jolies routes de promenades et des plus beaux points de vue que notre forêt puisse offrir à ses admirateurs. Pour ma part, je l'en remercie, et le prie de continuer à vouloir toujours bien accueillir celles de mes idées qui lui paraîtront le mieux en harmonie avec ces embellissemens.

parcouru la route de la Reine-Amélie l'espace de quelques cents pas, les arbres deviennent plus rares et laissent apercevoir çà et là quelques coins du magnifique Panorama qui va se dérouler à vos yeux. Oh! en effet, lorsque vous avancez, dirigez vos regards à droite, à gauche, en avant, partout, et sur chaque point vous rencontrerez un tableau tout fait, tout composé. D'un côté, c'est la ville et le château de Fontainebleau, entourés par des bois et des rochers ; de l'autre, c'est la vallée de la Seine avec ses gracieuses rives ; au-delà, ce sont des plaines et des côteaux pavoisés de villages et de riantes maisons de campagne : sur la droite, c'est le Mont-Mélian, c'est Thomery avec ses treilles et ses pampres aux raisins dorés ; puis, plus rapprochés et de tous côtés, ce sont encore des bois et des rochers.

Lorsque nos yeux émerveillés eurent esquissé toutes les beautés du pittoresque tableau que la nature offrait à nos regards, nous retournâmes quelques instans sur nos pas pour aller au Calvaire jouir d'un point de vue plus rapproché sur Fontainebleau. Du Calvaire, nous vînmes au vaste carrefour de la Croix-d'Augas, où nous coupâmes de nouveau le pavé de Melun pour nous diriger vers la majestueuse futaie du Gros-Fouteau.

Pour parvenir à cette futaie, nous eûmes à parcourir les hauteurs du rocher Mont-Ussy et à savourer ses points de vue.

La futaie du Gros-Fouteau, contemporaine à celle où se trouve le Bouquet-du-Roi, comprend des arbres tout aussi beaux et tout aussi curieux à visiter, entre autres les Trois-Hercules, le Hardy, le Superbe et le Fourchu.

Nous traversâmes le Gros-Fouteau par la route appelée : *le Chemin des Prêtres ;* c'est un trajet vraiment délicieux à parcourir, et au bout duquel on arrive sur le carrefour de la Butte-aux-Aires, carrefour bien ombragé, et dont la vaste et fraîche pelouse engage le promeneur à s'y reposer. De ce point, nous rentrâmes à Fontainebleau par la très jolie route du Roi et le Carrefour du Mont-Pierreux, dont la principale avenue aboutit à la rue de l'Église.

Ainsi finit cette deuxième promenade, dont le trajet non moins pittoresque, non moins agréable que dans la première, est d'environ quarante kilomètres. Mais pour visiter en deux jours, ainsi que je viens de l'indiquer, tous les points les plus intéressans de la Forêt de Fontainebleau, il est, je le répète, indispensable de se procurer de bons chevaux et une voiture très légère. Le prix, pour chacune de ces deux promenades, est ordinairement de 25 francs pour une voiture à deux chevaux, et 15 francs pour une voiture à un seul cheval.

QUATRE PROMENADES

D'ENVIRON

CINQ HEURES CHACUNE.

1

Bouquet du Roi. — Gorges d'Apremont. — Franchard. — Rochers des Hautes-Plaines. — Belvéder de la Gorge aux Merisiers. — Mont-Aigu.

Sortie par la barrière de la Fourche.

De la barrière on se dirigera par les points ci-après : Chemin de Fleury, pendant l'espace d'un kilomètre, et prendre ensuite à droite celui allant au Bouquet-du-Roi par la Fosse-au-Rateau.

Du Bouquet-du-Roi au Gorges-d'Apremont, par le carrefour de la Gorge-aux-Néfliers, ou par la route près le carrefour du Grand-Veneur.

Des Gorges d'Apremont à Franchard par l'Étoile des Monts-Girard, et en coupant le bas de la Gorge-aux-Néfliers.

De Franchard aux points de vue des Hautes-Plaines par la Roche qui Pleure et l'Antre des Druides.

Des Hautes-Plaines au Belvédère, de la Gorge aux Mérisiers par les Ventes Caillot, et en coupant la route ronde.

Du Belvéder de la gorge aux Mérisier au rocher Mont-Aigu, par la route ronde et par la gorge du Houx.

Du rocher Mont-Aigu à Fontainebleau par la faisanderie et le carrefour des Fours.

2

Calvaire. — Point de vue de la Reine-Amélie. — Fontaine Désirée. — Obélisque de la croix de Toulouse. — Rocher Saint-Germain. — Vallée de la Solle. — Rocher des Deux-Sœurs. — Belvéder de la montagne de Saint-Louis. — Points de vue du rocher Mont-Ussy. — Vallée du Nid-de-l'Aigle.

Sortie par la barrière de Melun.

On suivra la grande route jusqu'à la croix d'Augas, et ensuite on prendra à droite pour arriver au point de vue du Calvaire.

Du Calvaire on passera au rocher du Fort-des-Moulins, et immédiatement sur le point de vue de la Reine-Amélie.

Du point de vue de la Reine-Amélie on retournera quelques instans sur ses pas pour aller côtoyer la butte à Gai, en passant par la plate-forme de la fontaine Désirée.

De la buttte à Gai au bosquet du pavillon Chinois, par la vallée du rocher Casse-Pot et par le très beau carrefour de la pyramide de Toulouse.

Du bosquet du pavillon Chinois aux gorges du rocher Saint-Germain, par le carrefour des Écouettes et les demi-futaies de la plaine Saint-Louis.

Des gorges du rocher Saint-Germain au rocher des Deux-Sœurs, par la vallée et les gorges de la Solle.

Du rocher des Deux-Sœurs au Belvéder de la montagne de Saint-Louis, par la route côtoyant les hauteurs de la Solle et la fontaine du Mont-Chauvet.

Du Belvéder de la montagne de Saint-Louis à la vallée du Nid-de-l'Aigle, par les points de vue du rocher Mont-Ussy et la route à Marie.

De la vallée du Nid-de-l'Aigle à la gorge de Zacharie, où se trouvent le Charlemagne et plusieurs autres chênes très vieux et très remarquables.

De la gorge de Zacharie, revenir sur ses pas pour aller visiter la vallée du Chêne-des-Fées, où se trouve aussi l'arbre de François Ier.

De la vallée du Chêne-des-Fées, retour à Fontainebleau par la route longeant le bas du rocher Mont-Ussy, puis par celle qui traverse la vallée des Tombeaux, et enfin par la rue des Bois.

3

La Gorge-aux-Loups. — Le Haut-Mont. — Thomery. —Avon, et le parc.

Sortie par la barrière de l'Obélisque.

De cette barrière, on se dirigera par la route de Nemours, qu'il faudra suivre environ deux kilomètres, et prendre ensuite à droite le chemin pavé de Recloses.

Arrivé sur le haut de la côte, on se dirigera sur la

gauche pour se rendre à la redoute de Bourron, en parcourant les délicieuses routes du Déluge et du plateau de la Cave-aux-Brigands.

De la redoute de Bourron à la Gorge-aux-Loups, par les belles futaies et les charmans points de vue des forts Marlotte.

De la Gorge-aux-Loups aux points de vue du Haut-Mont, par le rocher Boulain, les ventes Héron et la roche cristalisée.

Du Haut-Mont à Thomery, par le rocher Bénard, le rocher Brûlé, le carrefour des Fraillons et le hameau de Chantoiseau.

De Thomery à Fontainebleau, par Effondré, le carrefour des Forts de Thomery, le mont Audart, le village d'Avon et le parc du château.

4

Le Gros-Fouteau. — La mare aux Évées. — Les Monts de Fays et les Monts Saint-Père.

Sortie par l'avenue du cimetière.

En sortant de cette avenue, qui aboutit sur le carrefour du Mont-Pierreux, on prendra la route du Roi conduisant au carrefour de la Butte-aux-Aires.

Du carrefour de la Butte-aux-Aires à la Belle-Croix, par la route qui traverse la haute futaie du Gros-Fouteau et par celle côtoyant les hauteurs de la Solle, du côté du couchant.

De la Belle-Croix à la Table du Grand-Maître, en passant devant le caduc chêne de Clovis, et ensuite en parcourant la jolie route qui contourne le haut-bord des monts Truys.

De la Table du Grand-Maître au rocher Canon, par la route tournante qui conduit au carrefour de Belle-Vue, mais qu'il faudra quitter avant d'arriver à ce dernier point, en prenant une route de calèche qui descend au rocher.

Du rocher Canon à la marre aux Évées, par la jolie route qui traverse les bois Gaulis et futaies de la Bécassière.

De la marre aux Évées à Belle-Vue, par le carrefour de l'Épine Foreuse et la pointe ouest du rocher Canon.

De Belle-Vue au Belvéder des monts de Fays (ou autrement point de vue du Camp), par la route côtoyant les hauts-bords du plateau.

Du point de vue du Camp aux monts Saint-Père, par la marre à Piat et la Belle-Croix.

Des monts Saint-Père au carrefour de Paris, par la route Adimps.

Du carrefour de Paris à Fontainebleau, par la route de la Tête-à-l'Ane et la barrière de la Fourche.

TROIS PROMENADES

D'ENVIRON TROIS HEURES CHACUNE.

1

De Fontainebleau à Franchard, et retour.

Sortie par la rue des Bois.

POINTS TRAVERSÉS OU ABORDÉS.

La vallée des Tombeaux.
La route côtoyant le bas du rocher Mont-Ussy.
La vallée du Chêne-des-Fées.
La gorge de Zacharie, où se trouve le Charlemagne.
La vallée du Nid-de-l'Aigle.
Le rocher des Deux-Sœurs.
Le Bouquet-du-Roi.
La futaie du Chêne-Brûlé.
Franchard.
La Roche qui pleure.
L'Antre-des-Druides.
Le Belvéder de la gorge aux Merisiers.
La gorge du Houx.
Le rocher Mont-Aigu et retour à Fontainebleau par la Faisanderie et la barrière de la Fourche.

2

De Fontainebleau à la Gorge-aux-Loups, et retour.

Sortie par la barrière de l'Obélisque.

POINTS TRAVERSÉS OU ABORDÉS.

Le Montoir de Reclose.
Le Déluge.

Le plateau de la Cave-aux-Brigands.
Le point de vue sur Bourron.
La mare et les points de vue des forts Marlotte.
La Gorge-aux-Loups.
Le Haut-Mont et la roche Cristalisée.
La fontaine d'Épizy.
Le rocher d'Avon.
L'avenue de Maintenon et Fontainebleau, par la grille du Parterre ou par l'Obélisque.

3

De Fontainebleau au point de vue de la reine Amélie et retour.

Sortie par la barrière de la Fourche.

POINTS TRAVERSÉS OU ABORDÉS.

La fosse au Rateau.
Le Bouquet-du-Roi.
La plate-forme des monts Saint-Père.
La Belle-Croix.
Les hauteurs de la Solle.
Les ventes aux Postes.
Le rocher des Deux-Sœurs.
La route côtoyant le Mont-Chauvet et tout le plateau jusqu'à la grande route de Melun.
La butte à Gai.
La Fontaine-Désirée.
Le point de vue de la Reine-Amélie.
Le Calvaire.
La Croix d'Augas.

Les points de vue du Mont-Ussy.
La Roche-à-Marie.
Le carrefour et la futaie du Gros-Fouteau.
Le carrefour de la Butte-aux-Aires.
La route du Roi et Fontainebleau, par l'avenue du Cimetière ou par la rue de France.

PROMENADE

LA PLUS PITTORESQUE ET LA PLUS INTÉRESSANTE DE LA FORÊT, PARCOURABLE EN CINQ HEURES.

Sortie par la rue des Bois.

Points traversés ou abordés.

La vallée des Tombeaux.
La route longeant le bas du Rocher Mont-Ussy.
La vallée du Chêne des Fées.
La vallée du Nid de l'Aigle.
La gorge de Zacharie, où se trouve le colossal chêne de Charlemagne.
La route et la Roche-à-Marie.
Les points de vue du rocher Mont-Ussy.
Le carrefour de la Croix d'Augas.
Le Calvaire.
Le point de vue de la Reine-Amélie.
La Fontaine-Désirée.
La route tournante de la Butte-à-Gai.
Le Belvéder de la Montagne de Saint-Louis et tous

les points de vue traversés par la route qui côtoie le Banc-Royal et le Mont-Chauvet.

Le Rocher des Deux-Sœurs.

Le Bouquet-du-Roi.

La Futaie du Chêne-Brûlé.

Franchard.

La Roche-qui-Pleure.

L'Antre des Druides.

Le Belvéder de la Gorge-aux-Merisiers.

La Gorge du Houx.

Le Rocher Mont-Aigu, et retour à Fontainebleau par la Faisanderie et la barrière de la Fourche.

NOMENCLATURE ALPHABÉTIQUE

DE TOUT CE QUE LA FORÊT COMPREND DE REMARQUABLE ET DE PITTORESQUE, TELS QUE SES ROCHERS, SES BEAUX SITES, SES NOMBREUX POINTS DE VUE, SES TRÈS VIEILLES FUTAIES, SES ARBRES LES PLUS CURIEUX, ETC., ETC.

	Distance de Fontainebleau en kilomètre.	Posision géographique.
Arbre (l') de Marie-Antoinette.	5	S.
Arbre (l') à cheval.	2	N.-O.
Antre des Druides.	5	O.
Avenue de Maintenon.	»	S.
Bosquet du Pavillon-Chinois.	5	N.-E.
Butte Saint-Louis.	5	N.
Belvéder de la montagne de Saint-Louis (hauteur de la Solle).	3	N.
Belvéder des Gorges d'Apremont. . . .	6	O.
Belvéder des monts de Fays, ou point de vue du Camp de Chailly.	7	O.-N.
Belvéder de la Gorge-aux-Loups. . .	5	S.
Belvéder de la Gorge-aux-Merisiers. . .	5	O.-S.
Bélus, chêne des Monts-Girard. . . .	7	O.
Bouquet-du-Roi, chêne de la Tillaie. . .	3	O.
Bouquet du Nid de l'Aigle, ou l'Arbre aux douze tiges.	2	N.-O.
Carrefour des Demoiselles.	4	S.-O.
Carrefour des Ypréaux.	4	S.
Carrefour des Forts-Marlotte.	5	S.

	Distance de Fontainebleau en kilomètre.	Position géographique.
Carrefour de la Croix-d'Augas.	2	N.
Carrefour de l'Obélisque de Toulouse. .	4	N.-E.
Carrefour de Bellevue.	8	N.-O.
Carrefour de l'Epine-Foreuse.	10	N.-O.
Carrefour des Monts-Girard.	6	O.
Carrefour des Grands-Feuillards. . . .	5	S.-O.
Carrefour du Chêne-Rouge.	4	O.
Carrefour du Cèdre, près la Gorge-aux-Merisiers.	5	O.
Caverne des Gorges-d'Apremont. . . .	7	O.
Carrière-aux-Cristaux, près Belle-Croix. .	5	N.-O.
Cerbère-qui-Dort, roche située au Désert des Gorges-d'Apremont.	6	O.
Champignon du Désert.	6	O.
Chêne des Druides.	5	O.
Chêne de Molière.	5	S.
Chêne des Quatre-Amis.	5	S.
Chêne des Fées.	2	N.
Chêne de François Ier.	2	N.
Chêne de Charlemagne.	2	N.
Chêne de Saint-Louis.	3	N.
Chêne de Samson.	3	N.
Chênes de Henri IV et de Sully.	6	O.
Chêne de la Reine-Blanche.	7	O.-N.
Chêne d'Augusta.	5	S.
Chêne de Clovis.	5	N.
Chêne de Napoléon.	6	N.
Chêne de Pharamond.	3	O.
Chêne de Salomon.	10	N.
Chênes des Oracles.	10	N.
Croix de Franchard.	5	O.

	Distance de Fontainebleau en kilomètre.	Position géographique.
Désert des Gorges-d'Apremont.	5	O.
Dormoir de Lantara.	7	O.
Ermitage de Franchard.	5	O.
Ermitage de la Madeleine.	4	E.-N.
Fontaine du Mont-Chauvet.	3	N.
Fontaine-Désirée.	2	E.-N.
Fontaine du Bois-Gauthier.	4	E.
Fontaine d'Épisy.	4	E.-S.
Fourchu (le), chêne du Gros-Fouteau.	2	N.-O.
Futaie du Gros-Fouteau.	2	O.-N.
Futaie de la Tillaie.	3	O.
Futaie du Bas-Bréau.	7	O.-N.
Futaie de la Marre-aux-Évées.	10	N.
Futaie du Chêne-Brûlé.	5	O.
Futaie des Érables et du Déluge.	4	S.
Futaie des Ventes-à-la-Reine.	5	S.
Futaie des Monts de Fays.	7	N.
Futaie des Forts-Thomery.	5	E.
Futaie de la Croix-de-Souvray.	5	S.-O.
Goliath (le), chêne de la Tillaie.	2	O.-N.
Gorge aux Merisiers.	5	S.-O.
Gorge aux Archers.	10	O.-S.
Gorge des Grands-Genièvres.	5	O.-S.
Gorge et rochers des Étroitures.	6	S.
Gorge de Zacharie, partie du rocher Mont-Ussy, où se trouve le Chêne de Charlemagne.	2	N.-O.
Gorges et Rochers de la Solle.	3	N.-O.
Gorge aux Brigands, près la Caverne des Gorges d'Apremont.	7	O.
Gorges du Rocher Saint-Germain.	5	N.

	Distance de Fontainebleau en kilomètre.	Position géographique.
Gorges et Rochers de Franchard.	5	O.
Gorges et Rochers d'Apremont.	6	O.
Grotte des Monts de Fays.	8	O.-N.
Grotte des Barbisonnières.	8	O.
Grotte du Croc-Marin.	7	S.
Grotte des Ermites de Franchard.	5	O.
Hardy (le), chêne du Gros-Fouteau.	2	N.-O.
Hercules (les trois), chênes du Gros-Fouteau.	3	N.-O.
Impérieux (l'), chêne de la Tillaie).	3	O.
Marre de Franchard.	5	O.
Marre aux Pigeons.	5	O.
Marre aux Corneilles.	6	S.-O.
Marre du Parc-aux-Bœufs.	5	S.-O.
Marre des Forts-Marlotte.	5	S.
Marre d'Épisy.	4	S.-E.
Marre-à-Piat.	6	N.-O.
Mare-aux-Évées.	10	N.
Neptune (le), chêne de la Tillaie.	3	O.
Parquet des Pins.	1	S.
Plateau et plantations de la Cave-aux-Brigands.	5	S.
Points de vue du Rocher Mont-Ussy.	2	N.
Point de vue du Calvaire.	2	N.-E.
Point de vue de la Reine-Amélie.	2	N.-E.
Point de vue de la Fontaine-Désirée.	3	N.-E.
Points de vue de la Butte-à-Gay.	3	N.-E.
Points de vue sur la Solle.	3	N.
Points de vue des Gorges d'Apremont (sur chaque sommet des rochers).	6	O.
Points de vue des Monts Saint-Père.	5	N.-O.

	Distance de Fontainebleau en kilomètre.	Position géographique.
Points de vue du Camp d'Arbonne.	8	O.
Points de vue des Hautes-Plaines.	8	O.
Points de vue des Gorges de Franchard.	6	O.
Points de vue de la Gorge du Houx.	4	O.
Points de vue du Mont-Aigu.	2	O.
Points de vue du Rocher-Long-Boa.	3	O.-S.
Points de vue du Rocher de la Salamandre.	4	O.-S.
Points de vue de la Montagne de Souvray.	4	S.
Points de vue des Forts-Marlotte.	5	S.
Point de vue de la Redoute de Bourron.	5	S.
Points de vue des Ventes-Bourbon.	3	S.
Points de vue du Mont-Merle.	2	S.
Points de vue du Mail de Henri IV.	1	S.
Points de vue du Rocher d'Avon.	2	S.
Points de vue du Haut-Mont.	7	S.-E.
Points de vue du Long-Rocher.	8	S.
Points de vue de la Malmontagne.	6	S.-E.
Points de vue du Mont-Andart.	4	E.
Point de vue de la Butte du Monceau.	4	E.
Points de vue des hauteurs de la Madeleine.	4	E.-N.
Point de vue de la Butte-Saint-Louis.	6	N.
Point de vue de la Table du Grand-Maître.	7	N.
Points de vue du rocher de Milly.	10	O.
Point de vue de Chanfroy.	8	O.
Points de vue des Hautes-Bornes.	10	O.
Rocher du Mont-Ussy.	2	N.
Rocher des Deux-Sœurs.	3	N.
Rochers du Mont-Chauvet.	3	N.
Rochers de la Solle.	3	N.-E.
Rocher Saint-Germain.	5	N.
Rocher Casse-Pot.	4	N.-E.

	Distance de Fontainebleau en kilomètre.	Position géographique.
Rocher Canon.	9	N.
Rochers du Bas-Bréau.	8	N.-O.
Rocher Cuvier.	6	N.-O.
Rochers des Hautes-Plaines.	8	O.
Rochers Long-Boa (autrefois Long-Boyau).	3	O.-S.
Rochers de la Gorge-du-Houx.	4	O.
Rocher Mont-Aigu.	2	O.
Rocher de la Salamandre.	4	S.-O.
Rocher du Mauvais-Passage.	4	S.
Rocher des Demoiselles.	4	S.
Rocher de Milly.	7	O.
Rocher aux Fées.	5	S.
Rocher des Deux-Aspasies.	5	S.
Rocher Fourceau.	3	S.
Rocher Bouligny.	2	S.
Rocher du Mont-Morillon.	3	S.-O.
Rocher d'Avon.	2	S.
Rocher Brûlé.	5	E.
Rocher Bénard.	6	E.-S.
Rocher au Prince.	6	S.
Long-Rocher.	7	S.
Rocher Boulain.	5	S.
Roche à Marie.	2	N.
Roche du Grand-Veneur.	5	O.
Roche à Juliette.	5	O.
Roche des Sorciers.	5	O.
Roche Lefort.	8	O.
Roche à Marie-Thérèse.	7	O.
Roche de l'Éléphant.	8	O.
Roche qui pleure.	5	O.
Roche du Diable.	3	O.

— 48 —

	Distance de Fontainebleau par kilomètre.	Position géographique.
Roche Volante.	4	S.
Roche Bébée.	5	S.
Roche Cristalisée.	7	S.
Route à Marie.	2	N.
Route de la Reine-Amélie.	2	N.-E.
Route Neuve côtoyant les hauteurs de la Solle.	3	N.
Route du Roi.	1	O.-N.
Route tournante des monts Saint-Père.	5	O.-N.
Route tournante des monts de Fays.	7	N.
Rendez-vous de la Solle.	3	N.
Rendez-vous de Saint-Hérem.	4	S.
Superbe (le), chêne du Gros-Fouteau.	2	O.-N.
Vallée du Nid-de-l'Aigle.	2	N.
Vallée du Chêne-des-Fées.	2	N.
Vallée de la Solle.	3	N.
Vallon des gorges d'Apremont.	7	O.

FIN.

Fontainebleau. — Imp. de E. JACQUIN.

Rocher aux Fées.

H. Parmentier. Lith. de Thierry frères.

Vue prise dans les gorges de la Solle.

Roche détachée et renversée, (près l'antre des Druides.)

Chêne-Roche. (Situé au Mont Ussy.)

www.ingramcontent.com/pod-product-compliance
Lightning Source LLC
LaVergne TN
LVHW020048090426
833510LV00040B/1560